Shop !n Europe

숍 인[!n] 유럽

Writers
Miyoung Ahn
Yonshil Lee
Bitna Oh
Dahye Yoon

Publisher
Minji Song

Managing Director
Changsoo Han

Editors
Hyeju Park
Jeneung Kang

Designers
Youngkwang Kim
JiHye Kim

Marketing & PR
Daejin Oh

Publishing
Pygmalion

Brand
easy&books
easy&books는 도서출판 피그미리온의
여행 출판 브랜드입니다.

ISBN 979-11-85831-94-7
ISBN 979-11-85831-92-3 (세트)

등록번호 제313-2011-71호 등록일자 2009년 1월 9일
초판 1쇄 발행일 2020년 4월 20일

서울시 영등포구 선유로 55길 11, 4층 TEL 02-516-3923
www.easyand.co.kr

EASY & BOOKS

라이프스타일은 일상 속에서 쉽게 접하는 용어이지만, 사실 이를 쓰기 시작하는 것은 얼마 되지 않았다. 유럽에서 라이프스타일이 대중적인 용어로 사용된 건 근현대에 이르러서다. 스스로가 일상을 운영하는 주체여야 한다는 인식이 강한 유럽 사람들은 일과 분리된 여가 시간 확보를 위해 힘썼다. 그리고 보장된 시간을 어떻게 보낼 것인지에 대한 개인의 고민들이 모여 하나의 생활 양식을 만들어 냈다. 개인가족 중심적인 그들의 일상은 하나의 라이프스타일로 묶였고, 또 선택에 따라 끊임없이 분류되고 변하고 있다.

이는 그들이 일상 속에서 소비하고 누리는 모든 물리적인 것들에도 반영된다. 그리고 이러한 물건들이 모인 곳이 바로 상점, 숍 shop 이다. 선택 받기를 기다리는 상품들로 가득한 숍은 결국 유럽인들의 라이프스타일에 가장 예민하게 반응하는 공간이다. 이들은 유럽의 라이프스타일을 반영하는 동시에 제안하는 역할을 한다.

로컬 정체성을 뚜렷이 하는 숍부터, 독특한 감각을 자랑하는 디자인 숍, 취향에 따라 다양한 큐레이션을 선보이는 편집 숍, 인테리어 및 리빙 제품들을 판매하는 라이프스타일 숍, 마지막으로 유럽의 시간들을 담은 빈티지 숍까지.

<숍 !n 유럽>은 다양한 유럽의 숍을 다섯 개의 테마로 나누어 소개한다. 저마다의 개성이 뚜렷하지만, 숍들은 유럽인의 일상을 반영하고 있다는 점에서 자연스럽게 맞물린다. 그렇기에 지금의 유럽을 이해하는 가장 현명한 방법은 그들이 가는 숍을 둘러보는 일이다.

Contents

sipetit PARIS
sipetit
ENFANT
FEMME
MADE IN FRANCE
FABRIQUE EN FRANCE

France : Paris

9.

01. SI PETIT 시 쁘띠 P22 / 02. LAULHÉRE 롤레흐 P24 / 03. GAB & JO 갭 앤 조 P26 / 04. MAISON CAILLAU 메종 까이요 P28 / 05. MAMZ'ELLE SWING 맘젤 스윙 P76 / 06. VINTAGE DESIR 빈티지 데지흐 P78 / 07. THANX GOD I AM A V.I.P 땡스 갓 아임 어 브이아이피 P80 / 08. FREE'P'STAR 프리 피 스타 P82 / 09. GOLDY MAMA 골디 마마 P84

Czech : Praha

4.

United Kingdom : London

19.

01. OF CABBAGES AND KINGS 오브 캐비지스 앤 킹스 P30 / 02. THE NEW GRAFTSMEN 더 뉴 크래프트맨 P32 / 03. TWENTYTWENTYONE 트웬티트웬티원 P34 / 04. MONOLOGUE 모놀로그 P36 / 05. HOUSE OF HACKNEY 하우스 오브 해크니 P38 / 06. PENTREATH & HALL 펜트레스 앤 홀 P40 / 07. THE CONRAN SHOP 더 콘란 숍 P46 / 08. PRESENT & CORRECT 프레젠트 앤 컬렉트 P48 / 09. LUNA & CURIOUS 루나 앤 큐리어스 P50 / 10. DOVER STREET MARKET 도버 스트리트 마켓 P52 / 11. GOODHOOD 굿후드 P54 / 12. LABOUR AND WAIT 레이버 앤 웨이트 P58 / 13. SCP SCP P60 / 14. KENT & LONDON 켄트 앤 런던 P62 / 15. ARKET 아르켓 P64 / 16. PITFIELD 핏필드 P66 / 17. THE OLD CINEMA 더 올드 시네마 P86 / 18. H.J. ARIS H.J.아리스 P88 / 19. ONIMOS 오니모스 P90

Netherlands : Amsterdam

8.

01. DROOG 드로흐 P42 / 02.BLOM & BLOM 블롬 앤 블롬 P44 / 03. WILDERNIS 빌더니스 P56 / 04. NEEF LOUIS DESIGN 니프 루이스 디자인 P68 / 05. MOOOI 모오이 P70 / 06. DILLE & KAMILLE 딜레 앤 카밀레 P72 / 07. &KLEVERING 앤클레버링 P74 / 08. DE WELDAAD 벨다트 P92

papelote

01.
Papelote

파페로테

Vojtěšská 9 / 트램 나로드니 디바들로Národní divadlo역 도보 7분,
트램 이라스코보 나므녜스티Jiráskovo náměstí역 도보 3분
월~금 11:00~19:00, 토 12:00~18:00, 일 휴무

'종이는 단순한 글쓰기의 바탕이 아니라 맛, 향, 소리와 색으로 가득 찬 독립된 소재'라고 믿는 체코 디자이너 카트르지나 샤호바가 오픈한 문구점. 이곳의 모든 제품은 체코 디자이너에 의한 체코 내 생산, 친환경 소재, 고품질, 유니크한 디자인 이 네 가지 원칙으로 생산된 제품들이다. 아티스트의 공방, 혹은 서재 같기도 한 매장에서 노트, 파일 폴더, 편지지, 사진첩, 마스킹 테이프 등 종이로 된 모든 상품은 다 판매한다. 단순하면서도 독특한 패턴의 필통, 북 커버 같은 액세서리도 있다.

PRAGTIQUE

PRAGUE
TO JE

02.
Pragtigue

프라그티크

Národní 37 (플라티즈 파사쥬Platýz pasáž 내부)/
메트로 B선 · 트램 나로드니 트르지다 Národní třída역 도보 2분,
메트로 B선 · 무스텍 Můstek역 도보 1분
월~금 11:00~19:00, 토 11:00~18:00, 일 휴무

'프라하를 테마로 한 유니크, 하이 퀄리티 기념품 숍'을 콘셉트로 하는 이곳의 모든 상품은 체코 아티스트들이 디자인하고 현지 기업에서 제작했다. 열쇠고리, 머그컵, 에코백 등 다양한 품목에 천문시계와 프라하 성처럼 잘 알려진 관광지부터 빨간 트램과 같은 소소한 명물까지 각양각색 프라하의 모습을 한껏 담았으니 프라하의 대표 기념품 숍이라 하겠다.

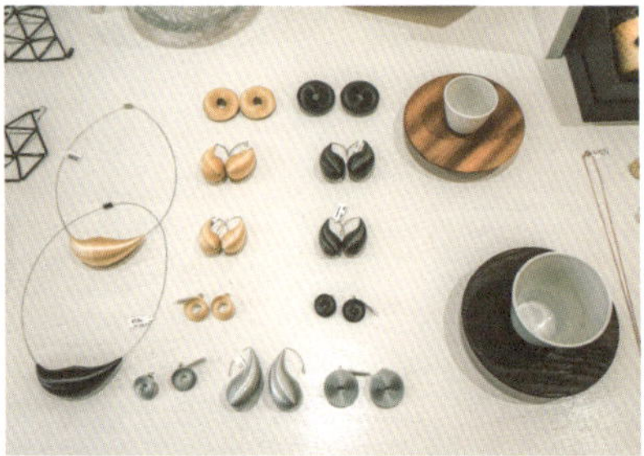

ORIGINAL
CZECH
DESIGN
ORIGINAL
CZECH
DESIGN

03.
Debut Gallery

데뷔 갤러리

Malé náměstí 12/
메트로 A선 · 트램 스타로므녜스츠카Staroměstská역 도보 5분
매일 10:00~20:00

아름다운 디스플레이와 알찬 상품 구성으로 유명한 로컬 디자인 상점. 탁월한 체코 신인 디자이너들을 다수 발굴한 데뷔 갤러리의 감각은 확실히 남다르다. '보헤미안 센트 Bohemian Scent'를 콘셉트로 하는 체코 향초 브랜드 '메도우 Meadow'를 비롯해 체코 디자이너들의 가방, 액세서리, 공예품 등을 구매할 수 있다. 체코의 작고, 예쁘고, 쓸모 있는 것들만 모아 놓은 위대한 숍이다.

KUBISTA

04.
Kubista

쿠비스타

Ovocný trh 19 / 메트로 B선
· 트램 나므녜스티 레푸블리키Náměstí Republiky역 도보 5분
화~일 10:00~19:00, 월 휴무

'체코 큐비즘 박물관' 1층에 있는 체코 큐비즘 디자인 상품들을 파는 갤러리. 피카소가 발전시킨 회화에서의 큐비즘을 체코 아티스트들이 도자기 제품과 건축 디자인에 접목했고, 그 독창성을 인정받아 '체코 큐비즘'이라는 양식 이름을 남기게 되었다. 체코 큐비즘의 선구자 파벨 야낙의 꽃병, 브라티슬라브 호프만의 찻잔은 지금 봐도 20세기 초의 디자인이라고는 믿을 수 없을 정도로 세련되고 혁신적이다.

sipetit

Si Petit

05.
Si Petit

시 쁘띠

9 Rue de Birague, 75004/
Saint-Paul 역에서 도보 4분
월~토 10:30~19:00, 일 휴무

작은 쇼 윈도우에는 독특한 아기 옷들이 지나가는 이의 걸음을 멈추게 한다. 매장 내부에는 1980~1990년대 프랑스 광고에서 봤음직한 멋스러운 아기 옷들이 전시되어 있다. 그 어느 고급 아기 옷 브랜드에서도 절대 볼 수 없었던 디자인에 디자이너 겸 창업주인 소피 Sophie 의 뚜렷한 철학과 열정이 보인다. 자랑스럽게 보여준 아기 코트는 프랑스 느낌이 강렬하게 느껴지고 원단의 촉감은 감탄을 자아낸다. 이렇게 정성스럽게 만들어진 작품들의 주 고객은 '단골'. 기모노 스타일 신생아 옷(€69)과 모자(€39) 세트가 가장 인기란다. 이보다 더 특별한 아기 선물은 없을 것 같다.

béret français depuis

LAULHÈRE

06.
Laulhère

롤레흐

14-16 Rue du Faubourg Saint- Honoré, 75008/
Madeleine 역에서 도보 4분
월~토 11:00~19:00, 일 휴무

프랑스 시크의 선두주자인 베레모는 남녀노소 상관없이 빈티지를 사랑하는 사람이라면 하나쯤은 갖고 있는 아이템이다. 1840년 프랑스 군의 베레모를 제작하는 것으로 시작한 Laulhère는 현재 유일하게 100% 프랑스산 베레모 명품 브랜드다. 명품점들이 들어선 고급 패션 거리인 생또노레 거리에 있지만, 정원 안쪽에 있어 아는 사람만 찾아올 수 있다. 매장에서 관리법과 멋지게 쓰는 법까지 친절하게 조언해주며 책자를 제공하니 베레모가 처음인 사람도 걱정 없다. 현지인들은 제품의 뛰어난 방수 기능 때문에 우산 대신 쓰기도 한다. 모자를 파는 상점에 공급해주긴 하지만 공식적인 매장은 세계에 이곳 딱 한 곳뿐.

Le coq made in
FRANCE

GAB & JO
French concept store
GAB & JO
Concept store à la Française
GAB & JO
French concept store

07.
Gab & Jo

갭 앤 조

28 Rue Jacob, 75006/
Saint-Germain-des-Prés 역에서 도보 3분
월~토 11:00~19:00, 일 휴무

'Made in France' 제품을 콘셉트로 한 디자인숍이다. 마리 앙뚜아네뜨가 뿌리던 향수(€110)부터 프랑스에서 생산된 마지막 칫솔(€8.5), 2013년 프랑스 여배우, 마리옹 꼬띠아르가 사갔다는 아기 젖병(€39), 프랑스어로 다양한 문구가 적혀 있는 티셔츠(€30), 에코백(€15)까지. 곳곳에 프랑스의 역사와 문화, 영혼이 그대로 담긴 '작은 박물관'을 만들고 싶었다는 창업주의 마음이 담겨 있다.

PANAMA 70€

Bijoux de coiffure
Accessoires de mode

08.
Maison Caillau

메종 까이요

124 Rue du Faubourg Saint-Honoré, 75008/
Saint-Philippe_de_Roule 역에서 도보 4분
월~토 10:00~19:00, 일 휴무

4대에 거쳐 운영하고 있는 Maison Caillau에는 과거 프랑스 상류층들만의 전유물이었을 '부르주아스러운' 액세서리들이 정갈하게 놓여 있다. 신사들이 주머니 속에 지니고 다녔을 작고 가는 머리 빗(€25~), 캐시미어 전용 브러쉬, 코 속 털을 다듬는 가위, 다양한 스타일의 헤어핀(€15~), 해를 가릴 수 있는 챙 모자. 지금도 보통 사람들에게는 있으면 좋고 없어도 그만인 물건들. 하지만 '세심한 자기 관리'를 하는 사람들에겐 필수품인 것들 말이다. Laulhèer에서도 기본 스타일 베레모(€50)와 어린이용 고양이 베레모(€92)를 Caillau를 통해 판매하고 있다.

ARTS
127

Boys don't cry
EAST LONDON

09.
Of Cabbages and Kings

오브 캐비지스 앤 킹스

127 Stoke Newington High St, Stoke Newington, N16 0PH/
버스 149, 243, 67번
월~토 10:00~18:00, 일 12:00~18:00

별다른 간판 없이 'ARTS'라는 표기만 눈에 띄는 이곳은 단순한 숍이나 갤러리가 아니라 지역의 '디자인 허브'를 표방하는 곳. 영국 디자이너들이 만든 주얼리와 문구류, 책, 카드, 가방, 홈웨어 제품을 비롯해 일러스트 작가들의 작품을 리미티드 에디션으로 프린트해 판매한다. 특히 공정무역으로 친환경 제품을 판매하는 니트 위드 애티튜드 Knit with attitude 와의 제휴를 통해 다양한 뜨개실과 뜨개질 도구를 구비하고 있다.

TABLE BRUSH+PAN

1891
THE NEW CRAFTSMEN

10.
The New Craftsmen

더 뉴 크래프트맨

34 N Row, Mayfair, W1K 6DG/
Bond Street 역에서 도보 4분
월~토 11:00~18:00

장인정신이 깃든 물건을 만나고 싶다면 이곳에 방문할 것을 권한다. 디자인 업계와 럭셔리 브랜드 등에서 경력을 쌓아온 세 사람이 공동으로 설립한 더 뉴 크래프트맨은 디자이너들이 만든 수공예품을 소개하는 곳. 단, 세 설립자가 선정한 영국 공예품 디자이너들의 작품으로만 한정한다. 나무 도마, 자기 그릇, 독특한 스탠드 등은 모두 갤러리에 전시된 작품처럼 세심하게 진열되어 있다.

twentytwentyone

11. Twentytwentyone

트웬티트웬티원

274-275 Upper St, N1 2UA/
Highbury & Islington 역에서 도보 9분
월~토 10:00-18:00, 일 11:00~17:00

이즐링턴과 엔젤 지역은 가볼 만한 디자인 숍이 많은 곳인데 트웬티트웬티원이 바로 그중 하나다. 이름대로 20세기와 21세기, 과거의 디자인과 현대의 진보적인 디자인을 아우르는 콘셉트. 60여 곳 이상의 세계적인 디자인 회사와 제휴해 가구와 조명, 다양한 인테리어 소품을 판매하며, 자체적으로 제작하는 디자인 가구도 선보인다. 어느 한 제품만이 튀지 않는, 조화로운 디스플레이가 돋보이는 곳이다.

MON
OLO
GUE

12.
Monologue

모놀로그

93 Redchurch St, E2 7DJ/
Shoreditch High Street 역에서 도보 5분
월~토 10:30~18:30

현대적이고 고급스러운 콘셉트의 가구와 인테리어를 제안하는 디자인 숍이다. 잘 알려진 유명 디자이너보다는 아직 많이 알려지지 않은 신진 디자이너의 제품을 주로 소개하며, '독립 디자인 공간'을 추구하는 만큼 다른 곳에서 볼 수 없는 아이템도 많다. 넓지 않은 공간이지만 홈데코에 관심이 많은 이라면 마음이 끌리는 디자인을 만날 수 있을 것이다.

HOUSE OF HACKNEY
KONTOR
LOFT STYLE OFFICE
TO LET

13.
House Of Hackney

하우스 오브 해크니

131 Shoreditch High St, London E1, 6JE/
버스 55, 149, 26, 8번
목~토 10:30~19:00, 일 11:00~17:00

이곳은 미니멀리즘과 정반대의 분위기로 식물과 동물, 자연에서 가져온 야생적인 모티브를 활용한 화려한 아이템을 선보인다. 2011년 해크니에 살던 한 부부가 심플함이 주류를 이루는 분위기에 반해 대담한 벽지와 패브릭을 찾다가 직접 론칭한 것이 바로 이 브랜드. 론칭 이후 급격히 성장하며 이제는 여러 백화점에도 입점되어 있다. 고급스러우면서도 강렬한 시각적 즐거움을 선사하는 제품들 덕에 잠시 구경하는 것만으로도 다른 세계에 들어온 듯한 기분을 느끼게 된다.

14.
Pentreath & Hall

펜트레스 앤 홀

17 Rugby St, WC1N 3QT/
Russell Square 역에서 도보 7분
월~토 12:00~18:00

들어서자마자 공간에 가득 퍼진 좋은 향기가 방문객을 반기는 이곳은 건축가이자 인테리어 디자이너인 벤 펜트레스와 장식 예술가인 브리디 홀이 함께 운영하는 인테리어 디자인숍. 영국, 프랑스, 벨기에, 독일, 터키, 인도 등에서 가져온 독특한 소품을 판매한다. 특히 오리엔탈 감성이 깃든 아이템과 이색적인 석고 장식품이 많고, 프린트와 파인 아트 등 벽 장식품도 다양하게 갖췄다.

15.
Droog

드로흐

Staalstraat 7B Rembrandtplein 역 / 트램 4, 14번
매일 09:00~19:00

1993년에 탄생한 네덜란드 디자인 그룹으로 독특하고 실험적인 제품을 만들어내는 것으로 유명하다. 드로흐의 콘셉트 스토어는 편집숍과 갤러리, 정원, 카페, 호텔이 한데 모인 복합적인 공간으로 누구나 자유롭게 정원을 거닐다 식사를 하고 또 쇼핑을 즐길 수 있다. 진열된 상품뿐 아니라 천장에 걸려있는 조명, 층별 정보를 알려주는 표지판 등, 건물 안에 있는 모든 것들이 드로흐 디자인 콘셉트를 표현하고 있으니 박물관에 가까운 느낌이랄까.

SMEG

16.
Blom & Blom

블롬 앤 블롬

Chrysantenstraat 20A Noordepark 역 / 메트로 52번
화~금 10:00~18:00, 토 11:00~17:00, 일요일 휴무

암스테르담을 여행하면서 삼각 플라스크로 만든 독특한 전등에 눈길을 빼앗겼다면 블롬 앤 블롬으로 가자. 블롬 형제의 작업실이자 쇼룸인 이곳은 인더스트리얼 디자인의 조명과 가구를 판매한다. 두 사람은 주로 버려진 공장이나 광산, 실험실 등에서 재료를 수집하고 영감을 얻는다고. 쇼룸에서 인더스트리얼 인테리어의 아이디어를 배워보자.

CONRAN KITCHEN

THE CONRAN SHOP

01 32

17.
The Conran Shop

더 콘란 숍

55 Marylebone High St, Marylebone, W1U 5HS/
Regent's Park 역에서 도보 6분
월~토 10:00~19:00, 일 11:30~18:00

영국의 대표적 디자이너로 꼽히는 테렌스 콘란 경이 1974년 설립한 회사. 콘란의 제품뿐 아니라 전 세계의 고급스러운 가구, 조명, 장식품, 생활용품, 디자인 서적, 선물 등을 판매하는 편집숍이다. 콘란의 기준에 맞는 제품을 엄격하게 선정하므로 디자인과 품질이 뛰어난 것은 물론이며, 넓은 공간에 방대한 컬렉션과 카페를 갖춰 여유롭게 둘러보기 좋다.

LYRATO
EBERHARD FABER
MONGOL pencils
ELEGANZA
ELEGANCE
QUALITY
QUALITÀ
12 PENCILS
Perfetto
Viarco
1 DUZIA DE LAPIS DE DESENHO
Quality Pencils

18.
Present & Correct

프레젠트 앤 컬렉트

23 Arlington Way, Clerkenwell, EC1R 1UY/
Angel 역에서 도보 5분
화~토 12:00~18:30

눈에 띄는 간판은 없지만 쇼윈도에 세워진 거대한 연필 세자루가 이곳이 문구점임을 알려 준다. 프레젠트 앤 컬렉트는 두 명의 그래픽 디자이너가 2009년 오픈한 숍. 이들은 매년 수차례 여행을 통해 새로운 제품을 찾아오는데 주로 유럽의 빈티지 문구류가 많다. 문구류에 대한 애정이 넘치는 두 사람이 엄선해온 아이템을 감각적인 디스플레이로 전시해, 보는 이들의 수집 욕구를 불러일으킨다.

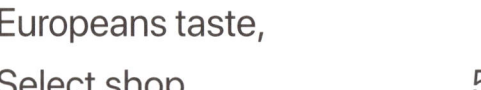

Luna & CURIOUS

19.
Luna & CURIOUS

루나 앤 큐리어스

24-26 Calvert Ave, Shoreditch, E2 7JP/
Shoreditch High Street 역에서 도보 8분
월~토 11:00~18:00, 일 11:00~17:00

이스트 런던에서 발길을 끄는 편집 매장 중 하나. 폴리 조지 Polly George, 카오루 패리 Kaoru Parry, 리아나 링햄 Rheanna Lingham 세 명의 크리에이티브 디렉터가 함께 운영하며, 장인정신이 깃든 영국 제품을 위주로 선보인다는 철학을 이어가고 있다. 문구류, 화장품, 액세서리, 아동복 등 다양한 제품을 갖췄고, 홈웨어와 세라믹 제품 등 루나 앤 큐리어스에서 자체적으로 디자인해 출시한 아이템도 만날 수 있다. 특히 아동 컬렉션과 예쁜 소품이 많으니 이곳에서 개성 있는 선물 아이템을 구입해도 좋을 것.

DOVER
STREET
MARKET

20.
Dover Street Market

도버 스트리트 마켓

18-22 Haymarket, SW1Y 4DG/
Piccadilly Circus 역에서 도보 3분
월~토 11:00~19:00, 일 12:00~18:00

디자이너 브랜드의 제품을 선별해 판매하는 도버 스트리트 마켓은 꼼 데 가르송의 디자이너 레이 카와쿠보가 2004년 오픈한 곳이다. 런던에서의 성공 이후 베이징, 도쿄, 뉴욕, 싱가포르에도 오픈하며 세계적인 편집 매장으로 성장했다. 지하 1층, 지상 4층의 백화점 규모 건물로 알렉산더 맥퀸, 끌로에, 질 샌더, 로에베 등 이미 잘 알려진 브랜드와 새롭게 떠오르고 있는 영국 디자이너들의 브랜드가 입점되어 있다. 물론 꼼 데 가르송의 제품을 찾아온 이들 또한 만족할만한 셀렉션을 갖췄는데 다른 곳에서 찾아볼 수 없는 리미티드 아이템도 많은 편. 각 제품을 돋보이게 해주는 예술적인 인테리어와 디스플레이도 인상적이다.

goodhood lifestore

SALE

21.
Goodhood

굿후드

151 Curtain Rd, London EC2A 3QE / 버스 55, 243번
월~금 10:30~18:30, 토 10:30~19:00, 일 12:00~18:00

이스트 런던에서 특히 셀렉션이 좋은 편집숍으로는 쇼디치에 자리한 굿후드를 꼽을 수 있다. 이곳은 런던 최고의 멀티 편집숍을 꼽을 때 빠지지 않고 등장하는 이름이다. 도버 스트리트 마켓 보다는 규모가 작은 편이지만 2개 층에 의류, 라이프스타일 브랜드, 화장품 등 총 200여 개의 브랜드를 만날 수 있고 '굿즈 바이 굿후드 Goods by Goodhood'라는 이름의 자체 컬렉션도 선보인다. 품질이 뛰어나면서 디자인이 독특한 아이템을 엄선하므로 자신만의 개성을 추구하는 젊은층으로부터 꾸준한 사랑을 받고 있는 곳이다.

WILDERNIS
CALENDAR
DIEREN
notjes

WILDERNIS

22.
Wildernis

빌더니스

Bilderdijkstraat 165F / Kinkerstraat역, 트램 3번
월 13:00~19:00, 화~토 11:00~19:00
(토 ~18:00까지), 일 12:00~18:00

꽃의 나라답게 인테리어에도 식물을 많이 활용하는 네덜란드. 싱그러운 식물들과 각종 원예용품을 판매하는 작고 귀여운 매장에는 초록초록한 아이템을 활용한 인테리어가 가득하다. 한국까지 가져가는 것이 부담스럽다면 수시로 진행되는 워크숍을 활용하자. 꽃과 나무가 가득한 매장은 늘 봄이다.

TURVILLE ST.
LABOUR AND WAIT
85

PASTA DENTIFRICA
Couto
VASELINA PURA
Couto
MUSGO REAL

23.
Labour and Wait

레이버 앤 웨이트

85 Redchurch St, E2 7DJ/
Shoreditch High Street 역에서 도보 3분
화~금 11:00~18:30, 토 · 일 11:00~18:00

쇼디치에 자리한 레이버 앤 웨이트는 일상 속에서 쓰는 실용적인 작업도구들도 얼마든지 고급스럽고 멋스러울 수 있다는 것을 보여주는 듯하다. '노동과 기다림'이란 상호처럼 이곳은 제품 하나하나가 클래식하며 과하지 않은 멋이 깃들어 있다. 깃털 먼지떨이를 포함한 청소도구들이나 심플한 문구류, 철제 소재의 정리함 등은 레이버 앤 웨이트에서 특히 눈에 띄는 아이템.

24.
SCP

SCP

135-139 Curtain Rd, EC2A 3BX/
버스 243, 55, 35, 47, 78번
월~토 9:30~18:00, 일 11:00~17:00

라이프스타일 숍 SCP가 소개하는 제품들은 실용적이면서 아름답다. 1985년 설립 이후 한 자리에서 30년 넘게 디자이너들과의 협업을 통해 창의적 디자인의 가구와 생활용품을 선보여왔다. 지금까지 톰 딕슨, 재스퍼 모리슨, 도나 윌슨 등 저명한 디자이너의 작품을 소개했고, SCP 자체 컬렉션도 선보여 영국 국내외에서 신뢰를 쌓아왔다. 2개 층에 소파와 책장 같은 가구와 다양한 조명, 가드닝 용품과 장식품까지 광범위한 라이프스타일 아이템을 구비하고 있다.

KENT & LONDON
SALE

25.
Kent & London

켄트 앤 런던

5 Hackney Rd, E2 7NX / 버스 26, 243, 55번
월 · 토 11:00~18:00, 화 · 금 10:00~18:00, 수 · 목 10:00~19:00

좋은 재료를 사용해 견고한 맞춤 가구를 제작해주는 것으로 출발한 켄트 앤 런던의 쇼룸이다. 개인의 취향에 맞는 가구 스타일과 인테리어 디자인을 제안하며, 여러 텍스타일 디자이너들과의 협업으로 탄생한 홈웨어 제품도 소개한다. 제품을 많이 갖추고 있지는 않지만 가구와 인테리어, 라이프스타일에 관한 아이디어를 얻기 좋은 곳이다.

ARKET

26.
ARKET

아르켓

224 Regent St, Soho, W1B 3BR/
Oxford Circus 역에서 도보 3분
월~토 10:00~21:00, 일 12:00~18:00

세계적 브랜드들의 플래그십 스토어가 줄지어 서 있는 리젠트 스트리트에 문을 연 아르켓은 라이프스타일과 패션을 결합한 매장이다. 스웨덴 회사 H&M에서 코스 Cos 보다 상위 브랜드로 출시했고 2017년 처음으로 런던에 플래그십 스토어를 오픈했다. 북유럽 특유의 미니멀하고 절제된 컬러를 사용한 의류, 주방용품, 가드닝 용품 등 라이프스타일 전 분야를 망라한다.

PITFIELD
LONDON

PITFIELD
LONDON

27.
Pitfield

핏필드

31-35 Pitfield St, Hoxton, N1 6HB/
Old Street 역에서 도보 6분
월~금 7:00~17:30, 토 8:00~17:30, 일 9:00~17:30

귀여운 간판이 발길을 끄는 핏필드는 영국의 인테리어 디자이너와 섬유 디자이너가 만나 오픈한 라이프스타일 숍이자 카페. 가구부터 그릇, 패브릭, 욕실용품 등의 제품은 클래식한 스타일이 많고, 잘 알려진 라이프스타일 브랜드와 빈티지 아이템을 함께 갖추고 있다. 가격대도 다양한 편. 함께 자리한 카페에서도 핏필드만의 테이블웨어를 사용하는데 원한다면 음식뿐 아니라 식기까지 구입할 수 있다는 점이 재미있다.

46
VAN DIJK & KO
neef LOUIS
DESIGN & INDUSTRIALS

28.
Neef Louis Design

니프 루이스 디자인

Papaverweg 46~48/
Floraweg역, 버스 391, 393, 394번
화~토 10:00~18:00

거대한 공간을 빼곡하게 메운 가구들 덕분에 앞이 잘 보이지 않는다. 미로처럼 이어진 공간들을 둘러보다 보면 유니크한 멋을 뽐내는 빈티지 가구와 소품에 눈길을 (어쩌면 지갑도 함께) 빼앗겨 시간이 훌쩍 지나가 버린다. 50~70년대 아이템이 주를 이루며, 특히 의자와 인더스트리얼 조명이 다양한 편. 노브랜드부터 유명 디자이너 브랜드까지 선택의 폭이 넓고 꼼꼼한 관리덕에 대체로 상태가 좋은 것이 장점이다. 맞은 편에 있는 '판 다이크 앤 코 Van Dijk & Ko' 역시 창고형 빈티지 가구점으로 보다 합리적인 가격대의 제품이 많다.

moooi
a life extraordinary
OPEN

29.
Moooi

모오이

Westerstraat 187 Marnixplein 역/
트램 3,5번, 버스 18,21번
화~토 10:00~18:00

‘네덜란드 가구계의 아이돌’로 통하는 인테리어 브랜드. 크리에이티브 디렉터 마르셀 반더스 Marcel Wanders 가 이끄는 디자인팀이 선보이는 기발하고 독창적인 디자인으로 유명하다. 모오이의 쇼룸은 절로 감탄사가 나올 정도로 초현실주의적인 디자인의 가구들이 가득한데, 머리에 조명을 얹은 동물 가구는 판타지 영화에나 나올 법한 느낌이고 바람에 날아가는 듯한 꽃병은 살바도르 달리의 흘러내리는 시계를 연상시킨다. 만만치 않은 가격 때문에 쉽게 지갑을 열 수 없지만, 굳어버린 상상력을 말랑하게 풀어줄 수 있어 즐거운 장소임은 분명하다.

DILLE & KAMILLE

appel
pomme

30.
Dille & Kamille

딜레 앤 카밀레

Nieuwendijk 16-18 중앙역에서 도보
월 11:00~18:00, 화~토 09:30~18:00
(목요일은 21:00까지), 일 12:00~18:00

향긋한 허브 향기와 은은한 클래식 음악이 사람들을 맞이하는, 지금 네덜란드에서 가장 핫한 리빙숍. 주방용품과 욕실용품, 정원용품, 유아용품까지, 집 안을 채울 수 있는 모든 물건을 판매한다. 다양한 종류의 차와 허브 셀렉션, 그릇, 테이블웨어, 나무로 만든 조리도구에 요리책까지 갖춘 주방용품 섹션이 특히 인기다. 군더더기 없이 깔끔하고 자연스러운 디자인에 합리적인 가격을 자랑할 뿐만 아니라, 시즌이 끝날 때마다 세일도 한다. 잇템은 에코백!

&k
&k
&k

THE
GREAT
DIXTER
COOKBOOK

31.
&Klevering

앤클레버링

Haarlemmerstraat 8 중앙역에서 도보
월 12:00~19:00, 화~금 10:00~19:00,
토 10:00~18:00, 일 12:00~18:00

자체 디자인한 제품과 북유럽 리빙 브랜드, 빈티지 아이템을 판매하는 라이프 스타일 편집숍으로 실용적이면서도 완성도 높은 디자인으로 사랑받는 곳. 미적인 부분에 집중하다 보면 실용성을 간과하기 쉬운데, 앤클레버링의 소품들은 본 기능에 충실하면서도 어디다 내놓아도 흠잡을 수 없는 유니크한 디자인을 하고 있으니, 어찌 아니 사랑할 수 있을까. 과감한 프린트의 멜라닌 접시나 대리석 코스터처럼 여러 가지 소재를 자유롭게 활용하는 것도 인상적이다.

32.
Mamz'Elle Swing

맘젤 스윙

35 bis Rue du Roi de Sicile, 75004/
Saint-Paul 역에서 도보 4분
매일 14:00~19:00

눈에 확 띄는 핑크색 부티크. 1920~1970년대 레트로 스타일 의상들이 가득한 이곳은 오드리 햅번의 옷 방이 아닌가 싶을 정도다. 다채로운 색감의 부티크에서 유쾌하게 손님을 맞이하는 주인은 베레니스 Bérénice. 손님에게 취향을 묻고 피팅을 봐주는 모습은 90년대 프랑스 고급 양장점을 연상케 한다. 각 옷들마다 연도가 적힌 티켓이 붙어 있어 구경하는 재미도 쏠쏠. 그녀의 센스있는 감각으로 직접 셀렉트한 옷들은 세심한 손바느질을 거쳐 완벽한 상태로 부티크에 전시된다고. 운이 좋으면 80유로짜리 Chloé 명품 치마를 찾을 수도 있으니 Good Luck!

COIFFEUR
Vintage
Désir

33.
Vintage Desir

빈티지 데지흐

32 Rue des Rosiers, 75004/
Saint-Paul 역에서 도보 4분
화~토 11:30~21:00, 일 · 월 11:00~21:00

마레 지구의 중심 유대인 거리, 'Coiff eur'라고 적힌 나무 간판이 과거 헤어숍이었음을 말해준다. 내부에는 빈티지 청재킷, 체크 무늬 신사 재킷, 왕단추 원피스 등 한 때 유행이었던 의류들이 종류별로 전시돼 있다. 다른 빈티지숍에 비해 작지만 정돈이 잘 되어 있고 무엇보다도 저렴한 가격이 장점. 올드해 보이는 아이템들이 많지만 주 고객은 젊은 프랑스인들이다. 체인지 룸이 하나뿐이니 손님이 별로 없는 평일 낮에 가는 게 좋다. 반들반들한 표면이 가치를 더 하는 가죽 가방(€15), 멋스러운 모자(€5), 겨울 코트(€20) 등을 만날 수 있다.

miu miu
CHARLES JOURDAN
Paris
240 €

34.
Thanx God I am a V.I.P

땡스 갓 아임 어 브이아이피

12 Rue de Lancry, 75010/
Jacques Bonsergent 역에서 도보 3분
월~토 14:00~20:00, 일 휴무

샤넬, 에르메스, 입생로랑 등 가까이하기엔 너무 멀었던 명품들을 빈티지로 만나볼 수 있다. 단순한 명품 빈티지 컬렉션이 아닌, 유행을 떠나 평생 소장 가치가 있는 원단과 디자인을 기준으로 엄격히 선별했다고. 하루 반나절을 보내도 모자랄 것 같은 어마어마한 양의 옷들은 다행히도 색상별로 깔끔하게 정돈되어 있다. 의류, 신발, 스카프, 가방 모두 최상의 상태. 원가보다 두 배 이상 저렴한 에르메스 스카프, 입생로랑 울 스커트가 150유로. 간단한 음료를 마실 수 있는 바도 운영하고 있으니 쉬엄쉬엄 꼼꼼히 돌아보기. 구입한 옷을 수선할 경우 이틀이 걸린다 하니, 여행 첫 날 당장 가자.

FREE'P'STAR
FREE'P'STAR

35.
FREE'P'STAR

프리 피 스타

61 Rue de la Verrerie, 75004/
Hôtel de Ville 역에서 도보 1분
월~토 11:00~20:30, 일 12:00~20:30

프랑스 브랜드보다는 미국 브랜드가 주를 이룬다. 마치 안은 거대한 타임머신처럼 남녀노소를 위한 빈티지 옷들이 가게 전체를 꽉 채우고 있다. 점원들은 하루에도 몇 번씩 들어오는 물건들을 쉴 새 없이 정리하고, 비좁은 통로는 손님들로 가득 메워지기 일쑤. 정해진 콘셉트는 없다. 그냥 '다' 있는 곳. 40유로짜리 가죽 재킷, 60유로짜리 스웩 넘치는 털 코트부터 1유로짜리 상품을 모아둔 코너까지. 볼거리만큼이나 선택지도 다양하다.

36.
Goldy Mama

골디 마마

99 Rue Orfi la, 75020/
Gambetta 역에서 도보 7분
수~토 11:00~19:30, 일 · 월 휴무

파리의 트렌드와 빈티지를 한 번에 소화해내는 아이템들이 매력인 곳이다. 제품들은 모두 드라이클리닝과 수선 작업을 거쳐 새 옷처럼 말끔하게 둔갑한 상태. 젊은 파리지앵들이 많이 입고 다니는 시크한 스타일의 새 옷 같지만 태그를 보면 1960년대 옷. 중간에는 이곳 빈티지 제품과 스타일이 맞는 새 제품도 섞여 있어 빈티지 느낌의 새 옷을 사기도 좋다. 어느 물건을 보든 가격이 '상상 이하'. 선글라스는 10유로, 가죽 가방 15유로, 40~70유로대의 감각 있는 원피스가 많다.

THE OLD CINEMA
ANTIQUE • VINTAGE • RETRO

37.
THE OLD CINEMA

더 올드 시네마

160 Chiswick High Rd, Chiswick, W4 1PR/
Turnham Green 역에서 도보 5분
월~토 10:00~18:00, 일 12:00~17:00

입구에 '앤티크, 빈티지, 레트로'라는 단어를 내건 더 올드 시네마는 1979년 문을 연 앤티크와 빈티지 숍이다. 이름처럼 1908년부터 1934년까지는 영화관이기도 했다. 영국뿐 아니라 유럽 전역과 인도 등 다양한 국가에서 온 물건들로 채워져 있어 백화점처럼 쇼핑 환경이 쾌적하고, 제품 디스플레이는 실제 집을 꾸며놓은 듯하다.

SOUL, FUNK
CHUCK MANGIONE

H.J.ARIS
WINE MERCHANT
H.J.ARIS
CAFE
EMPORIUM OF ALL SORTS...
VINTAGE. ANTIQUES. FURNITURE. RECORDS.
ART. PLANTS. ETHICAL COFFEE. HONEST & HEALTHY FOOD AND MORE
ANTIQUES
Cokes
Beers
Vinyls

Elvis' Golden Records
RCA VICTOR

38.
H. J. ARIS

H. J. 아리스

11 Dalston Ln, E8 2LX/
Highbury & Islington 역에서 도보 4분
월~일 10:00~18:00

건물 모서리에 난 입구가 묘하게 사람을 끄는 이곳은 달스턴에 자리한 카페이자 앤티크 숍. 내부에는 온갖 오래된 물건들이 자리한다. 단순히 세월이 오래된 것만은 아니며, 하나 같이 기이한 멋이 있다. 다락방 같은 2층 공간에도 앤티크 가구와 소품이 가득하다. 세월의 흔적이 가득 담긴 가구들이 풍기는 낯선 매력이 느껴지는 공간은 잠시 머무는 것만으로도 특별한 경험을 선사한다.

ONIMOS

ONIMOS

39.
ONIMOS

오니모스

28 Cheshire St, E2 6EH/
Shoreditch High Street 역에서 도보 5분
월~일 11:00~19:00

최근 쇼디치에 새롭게 문을 연 빈티지 숍이다. 세계를 여행하며 빈티지 아이템이 가진 스토리에 끌렸다는 오니모스의 설립자는 빈티지 문화가 잘 자리잡고 있는 런던 쇼디치 거리에 자신의 매장을 오픈했다. 세계에서 엄선해온 빈티지 의류와 패션 소품, 빈티지 느낌의 새 제품을 함께 판매하며 주로 1970년대부터 2000년대까지의 의상이 많은 편. 핑크빛 네온 간판처럼 펑키하고 발랄한 느낌의 아이템들이 특히 눈에 띈다.

STBR

40.
De Weldaad

벨다트

Noordermarkt 35-36 Buiten Oranjestraat 역/
버스 18,21,22,281,283번
월 · 토 09:00~18:00, 화~금 10:00~18:00, 일 13:00~17:00

네덜란드를 비롯한 유럽 전역 그리고 세계 구석구석에서 온 빈티지 가구와 소품을 주로 판매한다. 창틀, 문짝, 샹들리에, 손잡이, 세면대, 수도꼭지 같은 부속품도 상당한데, 오래된 집을 수리하거나 철거하는 과정에서 수집된 것들이라고. 비교적 저렴한 가격대의 공산품을 함께 취급하고 있어 선택의 폭이 넓은 편. 꽃과 화초들이 가득한 활기찬 매장 분위기는 플로리스트였던 대표의 감각 덕분이다.

Caillau
Caillau
Maison
Caillau
Paris
oux de coiffure
Maison
Caillau
Paris
Accessoires de mo

TURVILLE ST.
85
LABOUR AND WAIT
LABOUR AND WAIT 85
LABOUR AND WAIT 85

DEBUT
ORIGINAL
CZECH
DESIGN
ORIGINAL
CZECH
DESIGN

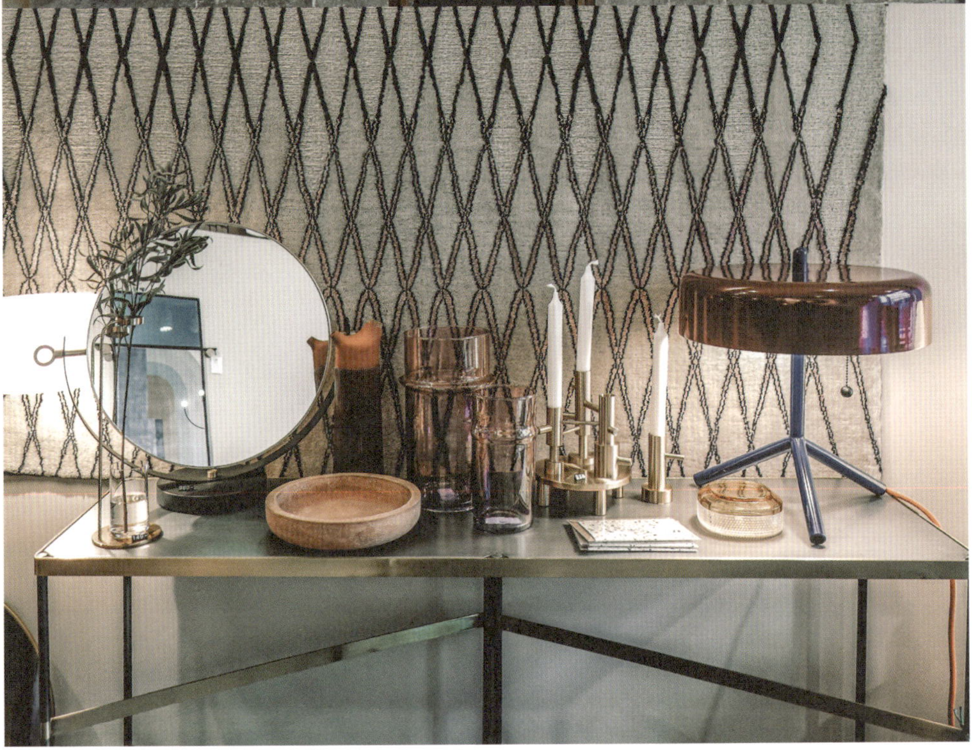

THE CONRAN SHOP
NEW SEASON EXCLUSIVES
THE CONRAN SHOP

THEME INDEX.

LOCAL-BASED DESIGN SHOP

01. PAPELOTE 파페로테 P14
02. PRAGTIGUE 프라그티크 P16
03. DEBUT GALLERY 데뷔 갤러리 P18
04. KUBISTA 쿠비스타 P20
05. SI PETIT 시 쁘띠 P22
06. LAULHÉRE 롤레흐 P24
07. GAB & JO 갭 앤 조 P26
08. MAISON CAILLAU 메종 까이요 P28
09. OF CABBAGES AND KINGS 오브 캐비지스 앤 킹 P30

UNIQUE DESIGN SHOP

10. THE NEW CRAFTSMEN 더 뉴 크래프트맨 P32
11. TWENTYTWENTYONE 트웬티트웬티원 P34
12. MONOLOGUE 모놀로그 P36
13. HOUSE OF HACKNEY 하우스 오브 해크니 P38
14. PENTREATH & HALL 펜트레스 앤 홀 P40
15. DROOG 드로흐 P42
16. BLOM & BLOM 블롬 앤 블롬 P44

EUROPEANS TASTE, SELECT SHOP

17. THE CONRAN SHOP 더 콘란 숍 P46
18. PRESENT & CORRECT 프레젠트 앤 컬렉트 P48
19. LUNA & CURIOUS 루나 앤 큐리어스 P50
20. DOVER STREET MARKET 도버 스트리트 마켓 P52
21. GOODHOOD 굿후드 P54
22. WILDERNIS 빌더니스 P56

FOR A SHINING DAILY LIFE, LIFESTYLE SHOP

23. LABOUR AND WAIT 레이버 앤 웨이트 P58
24. SCP SCP P60
25. KENT & LONDON 켄트 앤 런던 P62
26. ARKET 아르켓 P64
27. PITFIELD 핏필드 P66
28. NEEF LOUIS DESIGN 니프 루이스 디자인 P68
29. MOOOI 모오이 P70
30. DILLE & KAMILLE 딜레 앤 카밀레 P72
31. &KLEVERING 앤클레버링 P74

THE VALUE OF TIME, VINTAGE SHOP

32. MAMZ'ELLE SWING 맘젤 스윙 P76

33. VINTAGE DESIR 빈티지 데지흐 P78

34. THANX GOD I AM A V.I.P 땡스 갓 아임 어 브이아이피 P80

35. FREE'P'STAR 프리 피 스타 P82

36. GOLDY MAMA 골디 마마 P84

37. THE OLD CINEMA 더 올드 시네마 P86

38. H. J. ARIS H. J. 아리스 P88

39. ONIMOS 오니모스 P90

40. DE WELDAAD 벨다트 P92